Julius Klain

Coronavirus
Mein drittes Corona-Krise Tagebuch

Ruhe vor dem Sturm?

Bibliografische Information der Deutschen Nationalbibliothek: Die Deutsche Nationalbibliothek verzeichnet diese Publikation in der Deutschen Nationalbibliografie; detaillierte bibliografische Daten sind im Internet über dnb.de abrufbar.

© 2020 Julius Klain
Coverbild: © Thaut Images - stock.adobe.com
Coverdesign und Layout: © Julius Klain
Herstellung und Verlag: BoD – Books on Demand, Norderstedt

ISBN: 978-3-7481-1001-9

Vorwort

Liebe Leserin, lieber Leser,

die Handlungen dieses Buches schließen sich unmittelbar an die Inhalte meiner ersten beiden Corona-Krise Tagebücher an.

Um dieses Buch besser zu verstehen, empfehle ich Ihnen daher, vorab auch die beiden ersten Bücher zu lesen.

Ihr

Julius Klain

Fortsetzung, Freitag 20. März 2020

Der bisherige Tagesverlauf, der Corona-Verdachtsfall in der Firma und die Ankündigung meiner Frau, dass auch sie sich heute auf Grund ihrer Krankheitssymptome auf Corona testen lassen möchte, hat mir erstmals seit Beginn dieser Krise das Herz in die Hose rutschen lassen. Zum einen da ich selbst bei einem positiven Testergebnis, egal bei welcher Person, postwendend in die Quarantäne geraten würde und zum anderen, da mir erst jetzt unmissverständlich bewusstgeworden ist, wie wichtig es tatsächlich ist, die Kontakte zu anderen Menschen einzuschränken und gen Null zu reduzieren. Eben nicht nur, um niemanden anzustecken, und um selbst nicht angesteckt zu werden, sondern auch, um jemanden zu haben, die/der für mich/uns tätig wird, zum Beispiel für uns einkauft, wenn es nötig werden sollte. Wie ich das meine? Ganz einfach: je mehr Kontakte ich/wir zu Personen aus unserer Familie und aus unserem persönlichen Umfeld haben, desto mehr Personen würden gleichzeitig mit uns in Quarantäne geraten und somit als Unterstützung ausfallen. Doch nicht nur das, in Folge dieser Kettenreaktion würden auch die Personen, zu denen wir Kontakt gehabt haben, ab diesem Zeitpunkt Hilfe von anderen benötigen und wenn auch sie weiterhin fleißig persönliche Kontakte zu ihrem Umfeld haben, wäre irgendwann niemand mehr da, die/der helfen könnte, da sich alle potenziellen Helfer/innen in Quarantäne befinden würden, was eine gruselige Vorstellung für mich ist.

Ich bin daher unendlich erleichtert, als mich um 15:46 Uhr die Kollegin anruft und Entwarnung gibt. Ihr Testergebnis ist negativ. Sie hat kein Corona. *Puh! Durchatmen.*

Nachdem ich die Botschaft des negativen Tests an alle entscheidenden Instanzen in der Firma kommuniziert habe und dadurch ad hoc auch all die teils panischen Aktivitäten eingestellt werden, um uns auf die mögliche sofortige Schließung des Unternehmens vorzubereiten, mache ich mich auf den Weg nach Hause, um zu meiner Frau zu gelangen.

Sofort, als ich zur Tür hineinkomme und von meiner Familie in Empfang genommen werde, frage ich sie, wie der Test bei ihr abgelaufen ist.

„Ich wurde gar nicht getestet." berichtet sie mir schulterzuckend. „Mein Arzt hält das nicht für erforderlich, da meine Symptome nicht ausreichend sind."

Nicht ausreichend? frage ich mich, während ich mir die Hände wasche. „Du hustest nachts fast ohne Unterbrechung. Was braucht es denn noch?" entgegne ich ihr, ohne jedoch eine Antwort zu erhalten.

Kein Wunder, dass die Corona-Fallzahlen in Deutschland noch immer recht gering sind. Wo kein (positiver) Test, da ist kein Fall, lautet mein ketzerisches gedankliches Resümee, welches sich auch darauf stützt, dass mir in den letzten Tagen zu Ohren gekommen ist, dass von den drei Coronafällen aus dem Ort nur eine Person getestet wurde und somit statistisch auch nur die eine Person zählt. Bei den anderen beiden wurde dies nicht für nötig erachtet, da sie eh gemeinsam in Quarantäne gehen müssen und somit kein Risiko mehr für andere darstellen. Aber, es mag auch sein, dass dies nur ein Gerücht ist. Es wird halt viel erzählt auf einem kleinen Dorf. Und derzeit noch viel mehr (Quatsch).

Vielleicht hat er (der Arzt meiner Frau) aber auch Recht und es ist bloß eine Erkältung, geht mir auf dem Weg vom Bad in die Küche durch den Kopf und dieser Gedanke beruhigt mich. Sehr sogar. So sehr, dass ich mich bis kurz nach dem Abendbrot innerlich etwas von diesem sehr unentspannten und nervenaufreibenden Tag sowie von dem Thema Corona distanziere.

Nach dem Abendessen klingelt jedoch das Telefon. Der Chef meiner Frau ruft an, um sie nach ihrer einwöchigen, krankheitsbedingten Abwesenheit über das aktuelle Geschehen in seiner kleinen Physiotherapiepraxis zu informieren.

Die beiden telefonieren recht lange. Viel länger, als gewohnt und anfangs von mir gedacht.

Als meine Frau nach über 20 Minuten zu mir und den Kindern ins Wohnzimmer zurückkehrt, hat sie Tränen in den Augen.

„Mama, weinst du?" fragt meine Tochter mitleidig.

„Was ist los?" frage ich sie möglichst sachlich, um ihren Tränenfluss nicht zu verstärken.

Sie holt tief Luft und lässt erstmal verbal Dampf ab, wobei sie sich einerseits darüber aufregt, wie ignorant ihr Chef mit der aktuellen Situation umgeht und von ihr verlangt, dass alles so weitergeht, wie bisher. Dass er damit sich selbst als Person der Risikogruppe (über 60 Jahre alt, ehem. Raucher + chronische Erkrankung), seine Angestellten als auch die überwiegend (sehr) alte und somit ebenfalls zur Risikogruppe gehörende Kundschaft in Gefahr bringt, sieht er laut meiner Frau gar nicht. Und zum anderen echauffiert sie sich darüber, dass ihr Chef mit einer derart egoistischen Selbstverständlichkeit angekündigt hat, dass er ihr derzeit natürlich auch nur den Lohn für die Stunden bezahlen wird, die sie auch tatsächlich arbeitet, wodurch sie durch die derzeit zahlreichen Terminabsagen seitens der Patienten deutlich weniger Geld verdienen würde. Mit den Worten „Dass auch ich auf das Geld angewiesen bin, soweit denkt er gar nicht!" endet ihre Wutrede.

Wenn sie weniger Geld bekäme, würde uns das schon in die Bredouille bringen, lautet mein erster, mich selbst verunsichernder Gedanke. Ich muss ihre Worte daher erst einmal kurz sacken lassen, bevor ich zu ihr sage: „Das mit dem Geld kann er gar nicht einfach so machen. Ihr habt einen Vertrag über 20 Stunden und diese 20 Stunden muss er dir auch bezahlen. Dass er aktuell nicht ausreichend Arbeit hat, ist nicht dein Risiko als Angestellte, sondern sein Risiko als Arbeitgeber. Da muss er sich schon nach anderen Lösungen umschauen."

Sie schaut mich fragend an.

Ich: „Na zum Beispiel kann er Kurzarbeit anordnen und sich dabei bei der Agentur für Arbeit finanzielle Unterstützung holen."

Sie: „Und was ist, wenn er mir kündigt?"

Ich: „Auch das kann er aus meiner Sicht nicht einfach so, von jetzt auf gleich. Es gibt jedenfalls keine Rechtfertigung für eine fristlose Kündigung, da diese, soweit ich weiß, nur aus verhaltensbedingten Gründen möglich ist. Im Rahmen der Corona-Situation kann er dir daher nur ordentlich und aus betriebsbedingten Gründen kündigen und dafür gelten die gesetzlichen Kündigungsfristen nach §622 BGB. Und da du bereits über 15 Jahre bei ihm beschäftigt bist, gilt eine Kündigungsfrist von sechs Monaten zum Ende eines Monats. Sprich, wenn er dir morgen kündigen würde, wird diese erst zum 30. September 2020 wirksam. Also diesbezüglich sehe ich hier bei dir kein Risiko."

Ich sehe ihr umgehend an, dass sie sich entspannt.

„Sein Bestreben, dass alles so weitergehen soll, wie bisher, ..." fahre ich fort „... kann ich hingegen aus unternehmerischer Sicht gut nachvollziehen und ich würde es aus seiner Perspektive nicht anders machen. Auch er versucht nur, seinen Hintern im Trockenen zu halten, dass musst du auch irgendwo verstehen. Dennoch kann ich deine Bedenken in Bezug auf den körperlichen Kontakt mit euren Patienten gut nachvollziehen und ich sehe auch die zwischenmenschliche Zwickmühle, in der ihr euch befindet." sage ich im Nachgang, bevor es Zeit wird, die Kinder ins Bett zu bringen.

Samstag, 21.03.2020

Da ich gestern Abend sehr früh (beim Zubettbringen meiner Tochter) eingeschlafen bin, werde ich gegen 4:30 Uhr in der Nacht bei ihr im Zimmer wach und weil ich nicht mehr einschlafen kann, schleiche ich mich in den Keller und setze mich an den Schreibtisch, wo ich am zweiten Buch dieser Reihe arbeite. Dabei stolpere ich über die Zahlen aus Italien vom vergangenen Sonntag. Damaliger Stand: 24.747 Infizierte und 1.809 Corona-Tote.

Kopfrechnung: 10% von 24.747 = 2.474; 1% von 24.747 = 247; dann sind 1.809 von 24.747 etwas über 7%.

Bei dieser Zahl stockt mir der Atem. *Hieß es nicht bisher, dass die Todesrate von Corona bei ca. 1% liegt?*

Wären es 7%, würde dies für uns 83 Millionen Menschen in Deutschland bedeuten, dass ... 1% = 830.000; 830.000 x 7= 5,81 Millionen dem Virus zum Opfer fallen.

Nach diesem Gedanken ringe ich nach Luft und muss erst einmal vom Tisch aufstehen, an dem ich bis eben gesessen habe, um diese Schockrechnung zu verdauen.

Was ist, wenn ich doch an dem Virus sterben sollte? frage ich mich innerlich aufgewühlt.

Dann wäre das so. Du kannst es eh nicht ändern, antwortet eine sanfte sehr beruhigende Stimme aus meinem Inneren.

Doch obwohl ich weiß, dass diese Stimme in mir Recht hat, fällt es mir in diesem Augenblick sehr schwer alle weiteren Gedanken in mir, die versuchen, mir mit ihrem Hätte-Wäre-Wenn-Gerede nur noch mehr Angst einzujagen, zu verdrängen. Solange, bis ich Ihnen innerlich ein energisches *„Stopp!"* entgegenbringe, gefolgt von: *Ich will euch Gedanken nicht!*

Anschließend konzentriere ich mich ausschließlich auf meine Atmung. So, wie ich es in etlichen Yoga-Stunden gelernt habe, indem ich zu mir sage: *Ich atme langsam ein, mein Bauch hebt sich soweit, wie es geht, dann hebt und dehnt sich mein Brustkorb bis zum Äußersten. Wenn ich vollständig eingeatmet habe, atme ich langsam wieder aus. Zuerst senkt sich mein Brustkorb, bis alle Luft daraus entwichen ist und dann beginnt auch mein Bauch immer kleiner zu werden, bis ich das natürliche Bedürfnis verspüre, wieder einzuatmen. Ich atme langsam ein ...*

Etliche Minuten vergehen auf diese Art und Weise und bei jedem Atemzug spüre ich, dass ich ruhiger werde, mich entspanne und dass sich meine Gedanken mehr und mehr von Corona entfernen.

Und da ich an diesem Tag auch nichts mehr von Corona hören und schreiben möchte. Lasse ich es auch.

Sonntag, 22. März 2020

Wir machen als Familie an diesem Sonntag das aus meiner Sicht Unvernünftigste, was wir aktuell nur tun können. Wir treffen uns mit Freunden, um gemeinsam wandern zu gehen.

Ich denke, an meinen Worten ist schon zu erkennen, dass ich nicht sonderlich viel von dieser Idee halte, aber ich bin, beziehungsweise meine Argumente sind zu schwach, um sich gegen diesen Plan meiner Frau und die damit verbundene Euphorie der Kinder durchzusetzen.

Dennoch bin ich innerlich nur wiederwillig bei dieser Aktion dabei, da mir neben Corona auch meine rechte Ferse zu schaffen macht, die ich mir gestern beim Fußballspielen mit den Jungs verknackst habe.

Als wir am frühen Nachmittag nach Hause zurückkehren, bin ich einfach nur erleichtert, dass diese Aktion hinter mir liegt. Spaß hat es mir auf Grund meines schlechten Gewissens und meines Fußes jedenfalls nicht gemacht.

Am Abend schauen wir die 19-Uhr-Nachrichten im Fernsehen, wo Angela Merkel, die weitere Restriktionen für die Bevölkerung verliest:

I. Die Bürgerinnen und Bürger werden angehalten, die Kontakte zu anderen Menschen außerhalb der Angehörigen des eigenen Hausstands auf ein absolut nötiges Minimum zu reduzieren.

II. In der Öffentlichkeit ist, wo immer möglich, zu anderen als unter I. genannten Personen ein Mindestabstand von mindestens 1,5 m einzuhalten.

III. Der Aufenthalt im öffentlichen Raum ist nur alleine, mit einer weiteren nicht im Haushalt lebenden Person oder im Kreis der Angehörigen des eigenen Hausstands gestattet.

IV. Der Weg zur Arbeit, zur Notbetreuung, Einkäufe, Arztbesuche, Teilnahme an Sitzungen, erforderlichen Terminen und Prüfungen, Hilfe für andere oder individueller Sport und Bewegung an der frischen Luft sowie andere notwendige Tätigkeiten bleiben selbstverständlich weiter möglich.

V. Gruppen feiernder Menschen auf öffentlichen Plätzen, in Wohnungen sowie privaten Einrichtungen sind angesichts der ernsten Lage in unserem Land inakzeptabel. Verstöße gegen die Kontakt-Beschränkungen sollen von den Ordnungsbehörden und der Polizei überwacht und bei Zuwiderhandlungen sanktioniert werden.

VI. Gastronomiebetriebe werden geschlossen. Davon ausgenommen ist die Lieferung und Abholung mitnahmefähiger Speisen für den Verzehr zu Hause.

VII. Dienstleistungsbetriebe im Bereich der Körperpflege wie Friseure, Kosmetikstudios, Massagepraxen, Tattoo-Studios und ähnliche Betriebe werden geschlossen, weil in diesem Bereich eine körperliche Nähe unabdingbar ist. Medizinisch notwendige Behandlungen bleiben weiter möglich.

VIII. In allen Betrieben und insbesondere solchen mit Publikumsverkehr ist es wichtig, die Hygienevorschriften einzuhalten und wirksame Schutzmaßnahmen für Mitarbeiter und Besucher umzusetzen.

IX. Diese Maßnahmen sollen eine Geltungsdauer von mindestens zwei Wochen haben.

Der erste Kommentar meines älteren Sohnes zu diesen neuen Einschränkungen lautet: „Und das alles wegen dem kack Corona!"
Zu meiner Erleichterung sind wir uns in der Familie jedoch nach kurzer, sich anschließender Diskussion einig: ab sofort keinen persönlichen, privaten Kontakt mehr zu anderen Personen. Auch nicht zu Omas und Opas, Tanten und Onkels, Cousins und Cousinen und auch nicht zu Freundinnen und Freunden. Zu niemandem.
Ich bleibe jedoch skeptisch, ob, beziehungswiese wie das klappen wird.

Nachdem die Kinder gegen kurz nach 20 Uhr im Bett liegen, lesen meine Frau und ich die bereits genannten neuen Maßnahmen noch einmal im Internet nach. Insbesondere der Punkt, dass auch Massagepraxen ab morgen geschlossen bleiben müssen, medizinisch notwendige Behandlungen jedoch weiterhin durchgeführt werden dürfen, verwirrt uns.
Muss meine Frau ab morgen zu Hause bleiben oder nicht? Das ist für uns die entscheidende Frage, die sich ihr Chef logischerweise auch stellt und für alle seine Angestellten im Rahmen einer spontanen Videokonferenz am spätem Abend eindeutig beantwortet: „Wir sind keine Massagepraxis, wir sind eine Physiotherapiepraxis und fast alle Behandlungen bei uns beruhen auf einem ärztlichen Rezept und sind somit auch medizinisch notwendig. Es geht also auch morgen weiter, wie bisher."

Über seine Aussage, kann man aus meiner Sicht und der meiner Frau streiten. Doch das machen wir an diesem Abend nicht mehr, zumal wir über seine Aussage auch erleichtert sind, da meine Frau auch weiterhin ein Einkommen haben wird.

Aber wie lange noch? frage ich mich innerlich.

Weitere erwähnenswerte Ereignisse des Tages (Kurzform):

- An den Grenzen haben sich durch deren Schließung und die damit verbundenen ausgeweiteten Kontrollen inzwischen Staus mit über 60 Kilometern Länge gebildet (überwiegend durch Lkws). Wartezeiten: bis zu 30 Stunden.

- In Deutschland gibt es inzwischen ca. 24.000 Corona-Infizierte und 90 Tote. (Mein erster Gedanke in Bezug auf die Todesfälle: *So wenige und trotzdem die ganzen Maßnahmen?*)

- In Italien sind allein am heutigen Tag 650 Menschen an Corona gestorben. (*Und wie viele Menschen sterben sonst an einem „normalen" Tag in Italien? Mir fehlt hier der Vergleich.*) Die Bilder, wie die Toten Lkw für Lkw aus den Krankenhäusern weggeschafft werden, berühren mich indes sehr und sie erinnern mich an die Bilder aus der Nazizeit. (*Echt gruselig!* – Ich habe eine Gänsehaut.)

- Die erste hinter uns liegende Woche der „Corona-Ferien" hat zwischen uns fünf Familienmitgliedern gut funktioniert. Es kam lediglich zu den üblichen Diskussionen rund um die Themen Hausaufgaben, Wäsche, Müll rausbringen, Aufräumen und Geschirrspüler ausräumen. Auch meine ursprüngliche Befürchtung, meinen eigenen Bedürfnissen nicht / kaum noch nachkommen zu können, hat sich indes bis dato nicht bewahrheitet. Aber, bislang haben wir uns ja auch noch nicht vollkommen abgeschottet.

- Bezüglich der gestrigen Ankündigung des Chefs meiner Frau, ihr künftig nur das Gehalt für die Stunden zu zahlen, die sie auch tatsächlich gearbeitet hat, und ihrer diesbezüglichen inneren Zwickmühle, ist mir im Laufe des Tages die folgende Idee gekommen: „Wenn du ihm nicht auf die „harte Tour" begegnen willst, dann biete ihm doch an, dass ihr euch die durch Corona verlorengehenden Stunden teilt. Also, wenn dir sieben Arbeitsstunden durch Terminabsagen in der Woche fehlen, dann zahlt dein Chef dir davon 3,5 Stunden und auf die anderen 3,5 Stunden verzichtest du in dieser besonderen Situation auf dein Gehalt. Mit diesem Angebot, würdest du zumindest deinen guten Willen zeigen." sage ich zu ihr, gefolgt von „Das Beste ist jedoch, wenn ihr Angestellten euch diesbezüglich abstimmt und euch einig seid, was ihr macht."

Montag, 23. März 2020

Nach der Rede von Frau Merkel gestern und dem Inkrafttreten der neuen Regeln heute frage ich mich auf der Fahrt zur Arbeit: *Was tue ich hier eigentlich? Ich meine, im Privatbereich gilt es ab sofort, noch konsequenter Kontakte zu vermeiden und bei der Arbeit? Bei der Arbeit scheint alles erlaubt, beziehungsweise hier wird auf freiwillige Lösungen gesetzt. (*Und diese sieht bei mir in der Firma aktuell so aus, dass lediglich die Leute aus der Risikogruppe und diejenigen, die ihre Kinder zu betreuen haben, von zu Hause arbeiten dürfen.)

Und was ist mit mir? hadere ich. *Ist nicht auch mein Leben und das der anderen schützenswert? Warum darf ich nicht auch von zu Hause arbeiten? Warum muss ich mich den Kolleginnen und Kollegen nahezu ungeschützt aussetzen, die mit mir in unserer offenen Bürolandschaft arbeiten, wo wir uns quasi sprichwörtlich die Klinke der Eingangstüren, Toiletten, Sozialräume, etc. in die Hand geben. Nur, weil es die Technik der Firma aktuell nicht hergibt, dass wir alle daheim arbeiten? Nur, weil es mein Chef so will? Scheiß drauf*! fluche ich innerlich, womit ich einmal mehr merke, dass er (mein Chef) und ich grundlegend anderer Meinung sind, wie wir uns in dieser Corona-Situation verhalten sollten.

So verhindern wir die Ausbreitung des Virus meiner Meinung nach jedenfalls nicht konsequent (genug), zetere ich innerlich weiter. *Warum sagt die Politik nicht, dass wir das komplette Leben, privat und beruflich, für die nächsten Wochen nur noch in den eigenen vier Wänden stattfinden lassen. Das wäre aus meiner Sicht konsequent. Zudem wäre es für mich rückblickend auch konsequent gewesen, wenn man sofort nach Bekannt werden des Virus in China unsere Grenzen, Häfen und Flughäfen dichtgemacht hätte und sämtliche Einreisen untersagt hätte.*

Jetzt hör auf zu jammern, appelliert mein Gewissen an mich. *Was sollen denn die Ärzte, Krankenschwestern, Pfleger, etc. sagen, die tagtäglich das Elend live miterleben und die dem Virus deutlich näher sind, als du?*

Ich merke sofort, dass mich diese Frage gedanklich „Schach matt" setzt.

Aus diesem Grund versuche ich in der Folge, das Beste aus diesem Arbeitstag zu machen.

<u>Weitere erwähnenswerte Ereignisse des Tages (Kurzform):</u>

- <u>Auf der Arbeit:</u>
  - o Wir halten ab sofort deutlich mehr Abstand zu einander (so gut dies in einem Großraumbüro geht). Dazu haben alle Gemeinschaftstüren auf mein Verlangen hin fortan offen zu stehen (außer von den Toiletten). Zudem haben wir unsere Leute heute so platziert, dass niemand mehr direkt nebeneinander und man sich auch nicht mehr unmittelbar gegenübersitzt. Auch alle offenstehenden Süßigkeiten, wie Kekse oder Kuchen, sind ab heute tabu. ☹
  - o Wir können uns vor Beratungsanfragen von Unternehmen kaum retten und unsere Kommunikationskanäle glühen auf allen Fronten. Vorrangige Themen: Abwendung von betrieblichen Insolvenzen; Kurzarbeit und die in Aussicht gestellten staatlichen Wirtschaftshilfen.
    Da kommt noch einiges auf uns alle zu, lautet mein gedankliches Fazit dazu.
- Heute ist mir besonders bewusstgeworden, dass seit einigen Tagen die gewohnten Abschiedsgrußformeln wie zum Beispiel „Tschüss." „Auf Wiedersehen." „Mach's gut." oder „Bis bald." nicht mehr zu existieren scheinen. Stattdessen sagt man sich derzeit „Bleib gesund.", was mir persönlich als Abschiedsgruß gar nicht gefällt.

Dienstag, 24. März 2020

Eigentlich würde ich heute wieder aus dem Home-Office arbeiten. Dies ist mir jedoch nicht möglich, da ich die Kinder zu betreuen habe, während meine Frau arbeitet. Bevor sie allerdings am späten Vormittag aufbricht, bleibt sie bei den Kindern, während ich allein in den Supermarkt fahre, um unseren Wocheneinkauf zu erledigen.

Die Situation dort empfinde ich dieses Mal, im Gegensatz zu vergangener Woche, als recht entspannt. Einerseits, weil kaum jemand außer mir unterwegs ist und andererseits, weil ich ohne Probleme alles bekomme, was wir benötigen. Ein Wehrmutstropfen bleibt jedoch: Als ich die diversen Sachen aus dem Regal in meinen Einkaufswagen räume fällt mir auf, dass ich deutlich plastiklastiger und viel weniger BIO-Produkte einkaufe, als noch vor Corona. Dies ärgert mich grundsätzlich, jedoch sind mir die plastikfreien als auch die BIO-Produkte angesichts unserer finanziellen Ungewissheit derzeit einfach zu teuer.

Nachdem wir, die ganze Familie, meinen Einkauf zu Hause aus dem Auto in die Vorratsschränke geräumt haben, ist es für meine Frau an der Zeit, zur Arbeit aufzubrechen. Ich verabschiede sie mit dem ernst gemeinten Satz: „Mach's gut und viel Spaß. Aber wundere dich nicht, die Welt da draußen hat sich verändert."

„Ja, das glaube ich. Es ist auch für mich gerade total komisch, die Schutzhülle (unser Haus) nach über einer Woche wieder zu verlassen und zur Arbeit zu fahren." gesteht sie mir.

„Und für mich ist es komisch, die Kinder gleich alleine zu betreuen." entgegne ich ihr mit einem vorsichtigen Lächeln, bevor sie aus dem Haus geht, ins Auto steigt und vom Hof fährt.

Die Kinder und ich sind also allein. *Was machen wir jetzt?* frage ich mich und da draußen zwar die Sonne scheint, jedoch seit ein paar Tagen ein eiskalter Wind weht, der es echt ungemütlich macht und sogar die ansonsten recht hart gesottenen Jungs nach nur zehn Minuten wieder ins Haus zurücktreibt, muss ich sie drinnen irgendwie sinnvoll beschäftigen. *Aber wie?*

Kurzum entscheide ich, dass wir zunächst gemeinsam das Mittagessen vorbereiten und da es heute selbstgemachte Pizza geben soll, welche die Kinder lieben, braucht es wenig Überredungskunst, sie zum Helfen zu bewegen.

Ganz anders sieht es hingegen anschließend aus, als ich den beiden Jungs auftrage, ihre Schulaufgaben für heute zu erledigen, währenddessen ich mit meiner Tochter ein Gesellschaftsspiel spiele.

Durch die leidigen Diskussionen mit den Jungs und die wenig hilfreichen Kommentare meiner Tochter, beschäftigt uns diese Aufgabe bis zum Mittagessen.

Nach dem Essen ist erstmal Mittagspause, die wir alle vor dem Fernseher verbringen und einen kurzen Film schauen.

Anschließend spielen wir gemeinsam. Am Küchentisch, im Zimmer der Jungs, im Zimmer meiner Tochter, ganz kurz draußen und im Wohnzimmer an der Spielekonsole. *Und das soll jetzt die nächsten so weitergehen? Das wird hart. Für uns alle.*

Zum Glück erhalte ich am Nachmittag einen Anruf einer Kollegin aus der Firma. Das, was sie mir über die tagesaktuelle Entwicklung in der Firma erzählt, blende ich zunächst vollkommen aus, da es mich nicht wirklich interessiert. Als sie mir jedoch davon berichtet, dass sie von der Schule ihres Sohnes einen Brief erhalten hat, aus dem hervorgeht, dass es für die Kinder auch in dieser Coronazeit sehr wichtig ist, feste Tagesstrukturen beizubehalten, spitze ich die Ohren. „Wie machst du das?" frage ich Sie.

„Auch jetzt klingelt bei uns zu gewohnter Zeit der Wecker und alles läuft so ab, wie sonst. Es wird sich angezogen, gefrühstückt und dann beginnt die Schule, wobei ich mich ganz einfach an seinen normalen Stundenplan halte." antwortet sie mir.

„Wie jetzt, und dann machst du mit ihm fünf oder sechs Stunden á 45 Minuten Unterricht?" hake ich verdutzt nach.

„45 Minuten sind es nicht, aber 20 bis 30 Minuten in jedem Fall."

Das klingt richtig nach Arbeit, denke ich mir, spüre aber zugleich, dass mir ihr Handeln gefällt und, dass wir in der Tat für die kommenden Wochen mehr Struktur benötigen, wobei ich mit „wir" sowohl mich, als auch die Kinder meine.

Durch diesen Anruf bin ich jedenfalls inspiriert und für die kommenden Tage und Wochen motiviert. Daher verfliegt der Nachmittag regelrecht, da ich die Kids machen lasse, wozu sie Lust haben während ich mich auf den Schultag morgen vorbereite, wobei ich feststelle, dass es seitens der beiden Schulen der Jungs, wenig Unterstützendes gibt, außer die Arbeitsblätter, die sie am vorerst letzten Schultag mit nach Hause gebracht haben, was immerhin besser ist, als gar nichts, aber eben auch nicht allzu viel mehr.

Gerade, als ich am späteren Nachmittag meine Rasselbande soweit habe, dass wir aufbrechen wollen, um einen kleinen Spaziergang zu machen, klingelt abermals das Telefon und ich erhalte eine Botschaft, mit der ich zwar bereits gerechnet habe, die mir aber dennoch nicht gefällt: Ein weiterer Auftrag, der im Laufe des Aprils im Rahmen meiner Selbstständigkeit hätte stattfinden sollen, wird storniert, beziehungsweise auf den Herbst verschoben. Kurzfristige Einnahmen sind jedenfalls auch von diesem Kunden nicht in Sicht. *Mist!* lautet mein erster spontaner Gedanke, doch ich muss zugeben, dass ich auch eine gewisse Erleichterung spüre, da ich mich selbst derzeit bei dem Gedanken rein gar nicht wohlfühle, mich mit einer Gruppe von bis zu 20 Personen in einem zumeist kleinen Raum aufzuhalten.

Im Laufe des sich anschließenden Spaziergangs treffen wir auf eine gute Freundin meiner Mutter, deren Tochter mit ihrer Familie in einer Wohnung in der Stadt lebt. Sie bestätigt mir das, was auch im Fernsehen berichtet wird: so langsam fällt ihnen die Decke auf den Kopf. *Und das, nach gerade einmal anderthalb Wochen,* ergänze ich für mich gedanklich.

Als wir gegen 18 Uhr am Abendbrottisch sitzen, ist auch meine Frau bereits von der Arbeit heimgekehrt. Anderthalb Stunden eher, als sonst.

Wir unterhalten uns, so gut es die Kinder zulassen. Sie erzählt mir, dass ihr Chef heute für seine Firma Kurzarbeit angemeldet hat und ich erzähle ihr, von dem abgesagten Auftrag.

Uns beiden ist damit klar, dass wir in der Tat in den kommenden Wochen unseren Gürtel enger schnallen und bei Bedarf auch an unsere nicht allzu üppigen finanziellen Reserven gehen müssen.

„Was meinst du, ob auch ich die von der Politik angekündigten Wirtschaftshilfen beantragen soll?" frage ich sie ergebnisoffen.

„Ja, wer weiß, was noch auf uns zukommt." lautet ihre Antwort.

Weitere erwähnenswerte Ereignisse des Tages (Kurzform):
Aus der heutigen Sendung „ZDF-Spezial":
Aktuelle Nebenfolgen von Corona:

- Häusliche Gewalt nimmt zu.
- Auch zu Zeiten von Corona, in welcher wir Menschen zusammenstehen und uns helfen sollten, sind die Kriminellen im Internet aktiv und nutzen die Situation für ihre perfiden Interessen aus. Berichtet wird zum Beispiel von falschen Internetshops für Medizinprodukte, insbesondere von dringend benötigten Mundschutzmasken, bei denen bezahlte Bestellungen niemals ausgeliefert werden. Und es ist die Rede von vermeintlichen Corona-Infoseiten, die jedoch beim Klick auf

Grafiken, Links, etc. nur ein Ziel haben: Daten vom Rechner der Recherchierenden zu entwenden.

Da auch ich im vergangenen Jahr Opfer eines solchen Hackerangriffs wurde und weiß, was so ein Eingriff psychisch und physisch nach sich zieht, spüre ich bei diesem Bericht einen ungeahnt starken Hass gegen diese Machenschaften. Und ich kann nur raten: Leute, seid in gesundem Maße misstrauisch und passt auf, was ihr im Netz tut!

Mittwoch, 25. März 2020

Der Wecker klingelt um 6.45 Uhr. Bei mir und auch im Zimmer der Kinder, die auf eigenen Wunsch seit mehreren Tagen gemeinsam in einem Raum übernachten.

Während ich kurz darauf im Bad stehe und mich für den Tag präpariere, wird im Nebenzimmer bereits darüber gestritten, welcher Idiot den Wecker gestellt hat.

Bevor die Situation dort eskaliert, oute ich mich vor ihnen: „Ich war der Idiot." sage ich freundlich, aber bestimmt und erkläre den dreien anschließend in aller Ruhe, was mein Plan hinter dieser Aktion ist.

Gut, begeistert sind sie nicht, aber die von mir erwartete Gegenwehr bleibt glücklicherweise aus, sodass die Jungs tatsächlich um 7.45 Uhr angezogen an ihren Schreibtischen sitzen und Matheaufgaben erledigen während ich mit meiner ebenfalls angezogenen Tochter ein paar Zahlenschreibübungen mache. Meine Frau ist zu diesem Zeitpunkt bereits auf dem Weg zur Arbeit.

Um 8.15 Uhr klingelt der Wecker meines Smartphones. „Die erste Stunde ist vorbei, Frühstückspause! Bitte alle beim Tischdecken helfen!" rufe ich über den Flur. Und alle folgen meinen Worten.

Nach dem Frühstück geht es mit Deutschunterricht weiter. Danach ist große Pause (30 Minuten) und alle drei toben sich draußen aus. Anschließend folgen noch Kunst (alle malen ein Frühlingsbild) und Musik (wir tanzen gemeinsam im Wohnzimmer zu individuellen Musikwünschen von jedem von uns).

Gegen 11 Uhr endet der erste Corona-Schultag bei uns zu Hause und ich beginne damit, das Mittagessen vorzubereiten.

Als meine Frau um 12.30 Uhr von der Arbeit nach Hause kommt, verlasse ich regelrecht fluchtartig das Haus, fahre selbst zur Arbeit und bin einfach nur froh, raus zu kommen.

Es ist schon komisch…, denke ich mir, als ich am Schreibtisch im Büro sitze, … *am Montag wollte ich nicht hier sein und heute konnte ich es kaum abwarten.* Des Weiteren bin ich mit meinen Gedanken in diesem Augenblick bei all denjenigen, die derzeit nicht arbeiten können, beziehungsweise dürfen, und kann seit heute umso mehr nachempfinden, wie belastend diese Situation sein kann.

Im Verlauf meines Arbeitsnachmittages spreche ich mit einer Kollegin. „Es ist so angenehm, derzeit mit dem Auto zu fahren, da die Straßen so leer sind, weil so viele Menschen von zu Hause arbeiten. Warum haben wir dies zum Schutz des Klimas nicht schon längst getan?" sagt sie zu mir.

„Gut Frage. Ich bin mal gespannt, was wir aus dieser Situation lernen." entgegne ich ihr, wobei ich das nicht bloß so daher sage, um ihr irgendetwas zu antworten, sondern weil ich diesbezüglich wirklich gespannt bin, obwohl ich innerlich davon ausgehe, dass sehr vieles genauso werden wird, wie vor Corona. Schließlich ist es das Verhalten, wonach sich derzeit allseits gesehnt wird.

Nach dem kurzen Gespräch mit meiner Kollegin zieht es mich an meinen Arbeitsplatz, wo ich mir ein detailliertes Bild der aktuell möglichen finanziellen Wirtschaftshilfen verschaffe, um sowohl den Kunden meines Arbeitgebers, als auch mir selbst weiterhelfen zu können.

Eins, über das ich bei meiner Recherche immer wieder stolpere, sind die klaren Aussagen, dass all die Hilfen stets als Zuschüsse gedacht sind, die nicht zurückzuzahlen jedoch ausschließlich darauf ausgerichtet sind, Zahlungsfähigkeit und/oder Arbeitsplätze zu erhalten.

In Bezug auf meine eigene Selbstständigkeit, trifft jedoch beides nicht zu. Ich habe weder Mitarbeiter/innen beschäftigt, noch droht mir binnen der kommenden zwei Monate die Zahlungsunfähigkeit. *Stattdessen würde ich das Geld dafür nutzen, um unseren Sommerurlaub zu bezahlen, was ich sonst mit den April-Einnahmen gemacht hätte,* denke ich mir. *Doch will ich dafür wirklich Hilfsgelder aus Steuermitteln beantragen?*

„Schatz, ich habe mich heute Nachmittag über die Wirtschaftshilfen informiert und mich dazu entschieden, diese vorerst nicht zu beantragen. So groß ist unsere Not nicht und es widerstrebt mir, mich auf Staatskosten zu bereichern." sage ich während des Abendessens zu meiner Frau, womit dieses Thema für mich zunächst ad Acta gelegt ist.

<u>Weitere erwähnenswerte Ereignisse des Tages (Kurzform):</u>
Aus den Abendnachrichten im TV:

- Es werden bereits erste politische Stimmen laut, die geltenden Beschränkungen doch wieder zu lockern, beziehungsweise ganz aufzuheben.
- Andere dieser Stimmen warnen vor verfrühten Aktionen, sondern sagen stattdessen „Wir sind immer noch am Anfang."

Donnerstag, 26. März 2020

Diesen zweiten Corona-Schultag verbringe ich mit meinen Kindern bei strahlendem Sonnenschein im Wald. Dazu habe ich einen Picknickrucksack gepackt und den Jungs aufgetragen, dass sie ihre Schulsachen ebenfalls in einen Rucksack packen und mitnehmen. *Spielerisch lernt es sich eben leichter,* lautet mein Hintergedanke dazu, der auch vollends aufgeht, wäre da nicht die anhaltende Eiseskälte, die uns nach nicht ganz zwei Stunden durchgefroren zurück ins Haus treibt, wo wir noch ein paar Gesellschaftsspiele spielen und gemeinsam das Mittagessen zubereiten, bevor ich den Autoschlüssel aus der Hand meiner Frau entnehme und selbst zur Arbeit fahre. *Willkommen im Corona-Alltag,* sagt eine Stimme während der Fahrt in meinem Kopf.

Weitere erwähnenswerte Ereignisse des Tages (Kurzform):
Aus den 18.45 Uhr-Nachrichten im TV:

- In Deutschland gibt es inzwischen über 40.000 Infizierte.
- Die Bundeswehr hat 28.000 Reservisten einberufen, lautet eine weitere Meldung, die mich sofort zum Briefkasten laufen lässt. Dieser ist jedoch leer.
- In den USA sind derzeit über 75.000 Corona-Fälle bekannt und die Zahlen steigen angeblich rasant, insbesondere in New York. Dort sagt ein Arzt in einem Interview: „Die Lage ist schlimmer, als am 9. November 2001. Damals haben wir in den Krankenhäusern auf die Anschlagsopfer gewartet, doch es kam fast niemand. Heute werden wir überrannt, können jedoch oftmals nicht helfen."
- Die Arbeitslosigkeit in den USA hat sich bereits in den letzten Wochen vervielfacht.

- Vor allem bleiben mir jedoch von dieser Sendung die Worte von Gesundheitsminister Spahn im Ohr, der die aktuelle Lage als „Ruhe vor dem Sturm" einschätzt.
  Was meint er damit? frage ich mich beunruhigt.

Fortsetzung folgt. ... *Hoffentlich.*